Bibliografische Information der Deutschen Nationalbibliothek:

Die Deutsche Bibliothek verzeichnet diese Publikation in der Deutschen National-
bibliografie; detaillierte bibliografische Daten sind im Internet über http://dnb.d-
nb.de/ abrufbar.

Impressum:

Copyright © 2014 GRIN Verlag
Druck und Bindung: Books on Demand GmbH, Norderstedt Germany
ISBN: 9783668620278

Dieses Buch bei GRIN:

https://www.grin.com/document/300317

Thomas Gantner

Literatur und Filme im Englischunterricht

GRIN Verlag

GRIN - Your knowledge has value

Der GRIN Verlag publiziert seit 1998 wissenschaftliche Arbeiten von Studenten, Hochschullehrern und anderen Akademikern als eBook und gedrucktes Buch. Die Verlagswebsite www.grin.com ist die ideale Plattform zur Veröffentlichung von Hausarbeiten, Abschlussarbeiten, wissenschaftlichen Aufsätzen, Dissertationen und Fachbüchern.

Besuchen Sie uns im Internet:

http://www.grin.com/

http://www.facebook.com/grincom

http://www.twitter.com/grin_com

Mündliche Prüfung FD Englisch

Inhaltsverzeichnis

Literatur im Englischunterricht... 3

   Ziele von Literaturunterricht (Haß 2006) 3

   Lesen als interaktiver Prozess (Nünning; Surkamp 2006) 4

   Textsorten (Haß 2006)... 5

     Short stories 5

     Ganzschrift... 6

   Auswahlkriterien für fremdsprachliche Lesetexte (Haß 2006) 7

   Rolle der Lehrkraft beim Einsatz literarischer Texte (Nünning; Surkamp 2006).......................... 8

   Lehr- und Lernziele im fremdsprachlichen Literaturunterricht (Nünning; Surkamp 2006) 9

   Leistungsermittlung und Leistungsbewertung (Haß 2006) 9

Lese- und Leseverstehen 11

   Psycholinguistische Grundlagen des Leseverstehens (Haß 2006)... 11

   Die Überprüfung des Leseverstehens (Haß 2006)... 12

   Lesearten im Englischunterricht (Haß 2006) 12

   Lesen in der Sekundarstufe I (Doff/ Klippel) 13

   Lesekompetenz fördern (Haß 2006).. 14

     Lesespiele (Haß 2006) 16

   Unterrichtskonzeption zur Schulung des Leseverstehens (Haß 2006)..................................... 16

   Handlungsorientierung: pre-, while- und post-reading activities (Haß 2006; Nünning; Surkamp 2006).. 16

Filme im Englischunterricht... 21

   Ziele von Filmen im Unterricht/ Vorteile (Haß)... 21

     Welche Kompetenzen werden erworben 22

   The language of film (Thaler) 22

   Auswahlkriterien für Filmsequenzen.. 23

   Möglichkeiten der Filmvorführungen im Unterricht (Thaler) 24

   Pre-, while- und post-viewing activities (Nünning, Surkamp) 25

   Selbst Literatur verfilmen 25

Wortschatzarbeit.. 27

   Definition 27

   Einführung 27

   Arten des Wortschatzes (Quelle?).. 27

Mentales Lexikon 28

Strukturen im mentalen Lexikon 28

Psycholinguistische Grundlagen 28

Abhängigkeitsfaktoren der Behaltensleistung 28

Allgemeines zum Wortschatzerwerb 29

Aufnahme neuer lexikalischer Einheiten 29

Lerneinheiten 29

Grundmodell des Prozessverlaufs 29

Arten von Wortschatzerwerb 30

Unterrichtlich gesteuerter WS-Erwerb 30

Vokabeldarbietung 30

Semantisierungsverfahren 31

Inzidenteller WS-Erwerb 31

Lerngesteuerter Wortschatzerwerb 31

Lerntechniken 32

Vocab Games 32

Kriterien zur Auswahl von Lexik 33

Häufigkeit (*frequency*) 33

Kulturelle Faktoren (*cultural factors*) 33

Sprachbedarf und Level (*need and level*) 34

Zweckmäßigkeit (*expediency*) 34

Übungsformen 34

Lernzielkontrollen/Wortschatzprüfungsverfahren 35

Literatur im Englischunterricht

- Literaturunterricht ist besonders seit den 1980er Jahre interaktiver geworden.
- Nicht mehr Close-Reading, sondern Diskussion, kreative Verfahren, Lesen als Prozess zur Erhöhung der Sprach- sowie Schreibkompetenz. Außerdem werden Literatur und Landeskunde miteinander verbunden: interkulturelles Lernen

Ansätze mit Literatur umzugehen: Analytischer vs. Kreativer Ansatz

1. Analytisch: Text wird kognitiv erschlossen und daraufhin interpretiert. Textinterne Aspekte spielen dabei eine Rolle (setting, plot, characters, strucutre etc.) sowie textexterne Aspekte (literaturwissenschaftliche Analyse, Genre, soziokultureller Kontext, autobiografische Aspekte).
2. Kreativ: mehrkanalige Methode (Sozialformen, Methoden) und wird interaktiver. Hier wird meist in pre-, while und post-reading activites unterschieden.

Funktion von Texten: (Doff/Klippel)

- Deskriptiv Funktion: Verfasser organisieren Informationen
- Soziale Funktion: Verfasser etablieren Beziehungen zu ihren Lesern
- Expressive Funktion: Verfasser äußern ihre eigene Meinung

Ziele von Literaturunterricht (Haß 2006)

- Unterhaltung
- Bildung und Information
- Diskussion über verschiedene Weltanschauungen: Anregung zur kritischen Auseinandersetzung: Leser sind nicht als Handelnde in das Geschehen involviert; eine Diskussion über das Handeln von Charakteren ist aber dennoch sinnvoll
- Einfühlungsvermögen und Empathie (Charaktere)
- Beleuchtet gesellschaftliche Verhältnisse
- Einblicke in andere Kulturen – setzen ihr eigenes Denken und Verhalten in Bezug mit Charakteren aus einer anderen Kultur → Fremdverstehen → Empathie
  → Perspektivübernahme/-wechsel → SuS werden auf das selbstständige Handeln in der außerschulischen Lebenswelt vorbereitet
- Erlernen sprachlicher Strukturen und neuer Lexik
- SuS mit Literatur vertraut machen; Spaß am Lesen lehren
- Bietet Sprechanlässe → Gespräche → sind authentischer als Lehrbuchtexte (bes. zur Einführung neuer Grammatik u. Vokabeln) → SuS sprechen nicht nur über Literatur, sondern auch über sich selbst.

- Ein Text kann die Basis einer Vielzahl produktionsorientierter Verfahren darstellen
- ➔ Einrichtung englischsprachiger Bibliothek an der Schule oder in der Klasse: book report: selbstständige Lektüre allein oder in Kleingruppen, welche der Klasse präsentiert wird.
- Lesen soll ein interaktiver Prozess sein, da der Sinn eines Textes nicht gegeben ist, sondern durch Mitwirkung des Lesers entsteht! (Nünning/Surkamp)
- Schulung des Lese- und Textverstehens sowie des literarischen Verstehens (lernen Gattungen : Lyrik, Prosa, Drama kennen sowie mediale Texte (Hörspiele, Comics, Filme), ➔ ästhetisches Bewusstsein soll gebildet werden

Drei Herangehensweisen:

a.) Leseorientiert
- Ziel: Lesekompetenz fördern ohne den SuS zu literaturwissenschaftlichen Auseinandersetzung zu nötigen. Er soll Freude am Lesen entwickeln
b.) Leserorientiert
- Die SuS sollen im Unterrichtsgespräch über Literatur diskutieren, selbstständig interpretieren
c.) Prozessorientiert
- Ziel: Aktivierung/ learning by doing
- Schüler arbeiten selbstständig/ kreatives Arbeiten
- Verschiedene Methoden/ Sozialformen. Lernen mit allen Sinnen

Lesen als interaktiver Prozess (Nünning; Surkamp 2006)

- Modell literarischer Kommunikation: Schreiben als eine Form von Kommunikation zwischen Autor und Leser. Der literarische Text ist die Nachricht, der vom Autor (Sender) verfasst wurde. Durch eine besondere Sprache und Gattungskonventionen entsteht ein Kode, der vom Leser / Rezipienten dekodiert und empfangen wird
- Modell didaktischer Kommunikation über literarische Texte: Leser-Lehrkraft-Text-Beziehung soll hergestellt werden. Das bereits vorgestellte Kommunikationsmodell muss also um die Lehrkraft und die Leser/SuS erweitert werden, da sich Lehrer und SuS in einer gemeinsamen Lehr-/Lernsituation befinden, wobei der literarische Text als Redeanlass fungiert. Der Lehrer ist Moderator und versucht zwischen den SuS gemeinsame Leseerfahrungen herbeizuführen.
- Nicht nur sprachliches Vorwissen, auch lebensweltliches Vorverständnis ist z.B. für das Vorstellen von Personen im Text von Vorteil
- Einen Text zu entschlüsseln heißt auch durch individuelle Gefühle Assoziationen zu bilden. Gefühle lenken außerdem die Aufmerksamkeit der Leser und beeinflussen die Wahrnehmung! Daher sollte die emotionale Dimension bei der Literaturrezeption im Unterricht gefördert werden.

Textsorten (Haß 2006)

- Textbegriff wurde in jüngster Zeit erweitert → Bilder, Film, Kombination Text – Bild (Comics, Werbung, Karten, Diagramme etc.)
- **Sachtexte**: Vermittlung von Informationen
  - A. didaktische Sachtexte: z.b. Erwerb neuer Lexik
  - B. Authentische Sachtexte: Basistexte (führen in eine Thematik ein und sind geeignet für Vermittlung von Fachvokabular) vs. Facettierungstexte (vertiefende Texte, wobei Vorwissen wichtig ist)
- **Literarische Texte**: werden häufig der Länge nach unterteilt:

Short stories

Besonderheiten

- Kürze des Texts → Brücke zwischen einfachen Schulbuchtexten und Romanen
- im Mittelpunkt meist eine Hauptperson
- Einleitung sehr kurz oder fällt ganz weg
- Sprachstil ist einfach und gut verständlich (auch Dialekt und Umgangssprache)
- offener Schluss oder eine Pointe
- Aussage des Texts nicht auf ersten Blick ersichtlich
- konfliktfreie, häufig nur skizzenhaft dargestellte Situation, geprägt von Emotionen
- entscheidender Einschnitt aus Leben der handelnden Person beschrieben
- einsträngige Handlung (simple plot), meist nur ein setting
- Themen sind Probleme der Zeit
- Alltäglichkeit von Handlung und Personen
- chronologisches/lineares Erzählen

Vorteile

- „verdauliche" Länge → flexibel einsetzbar (45 min Unterricht)
- auch für „schwächere" Klassen geeignet
- thematisch vielfältig: Short stories lassen sich verschiedenen Themenbereichen zuordnen aber auch Genres oder Herkunftsländer sowie zu speziellen Autoren oder einer Epoche.

- spannend (offenes Ende) → Leselust
- große Auswahl (auch bei bekannten Autoren)
- Vergleichbarkeit untereinander
- Einstieg für umfangreichere literarische Werke
- Identifikationsmöglichkeiten mit Charakteren
- Möglichkeiten zur Spracharbeit
- Einführung literarischer Termini, Analyseverfahren, point of view...
- Schulung produktiver und rezeptiver Fertigkeiten

- Neben kognitiv-analytischen Kategorien und Zugangsweisen bedarf es einer schülerorientierten Ergänzung durch kreative und produktorientierte Methoden → unverzichtbar für Ausbildung narrativer Kompetenz

Ganzschrift (drama, long short story, novel)

- Oft werden Klassiker behandelt, da die Aufbereitung neuer Literatur für viele Lehrer zu aufwendig ist

Verschiedene Herangehensweisen

a. Vorauslektüre: SuS lesen Gesamtwerk zu Hause bevor es im Unterricht besprochen wird
- Vorteile:
  - Eigenes Tempo wählen
  - Eigenständig Schwerpunkte setzen und entscheiden, was im Unterricht fokussiert wird
  - Gewonne Zeit im Unterricht kann genutzt werden, um das selbständige Lesen der Lektüre zu Hause vorzubereiten und zu unterstützen sowie → Lesetechniken, Techniken d. Worterschließung.
- Mögliche Probleme:
  - Mangelndes Durchhaltevermögen
  - Neues Vokabular kann SuS entmutigen
  - Spannung bei Behandlung im Unterricht ist verbraucht

b. Step-by-step approach: chronologisches Lesen in der Klasse, aber Beleuchten von ‚key scenes' im Vordergrund. Nicht geschafftes wird zu Hause gelesen.
- Vorteile:
  - Viele Sprechanlässe: predicting, previewing, Gefühlsleben der Protagonisten etc.
  - Lektüre kann mit verschiedenen Methoden, Sozialformen und Medieneinsatz verbunden werden
  - Der L kann den Leseprozess besser steuern und auf Probleme/ Schwerpunkte eingehen.
- Mögliche Probleme:
  - Unterschiedliches Lesetempo
  - Langeweile bei schnellen SuS

c. Episodenhafte Lektüre / thematischer Ansatz: man beachtet nur Schlüsselszenen, Charakterdarstellungen oder Leitmotive
- Vorteile:
  - Unterrichtssequenzen zu einer Szene sind kürzer
  - Vergleich zwischen mehreren Werken
- Mögliche Probleme:
  - Gesamtwirkung des Werks geht verloren

- Lernende werden auf die Verschiedenartigkeit von Lesetexten durch das Englischbuch hingewiesen. (Short Story, Poem, Dialog, Rezept, Anleitung). Diese können außerdem ein grammatisches, lexikalisches oder kulturelles Phänomen thematisieren.

Auswahlkriterien für fremdsprachliche Lesetexte (Haß 2006)

- Oft zu starke Konzentration auf Klassiker, sodass oft längere Romane und zeitgenössische Literatur (besonders authentisch aufgrund relevanter Sprache und Inhalten für den Leser!), sowie Literatur von Autorinnen und Literatur von Autoren-innen außerhalb Englands und Amerikas vernachlässigt werden
  → Ursachen: Vorbereitung auf den Unterricht ist für Lehrer leichter, wenn Interpretationshilfe und Unterrichtsmodelle vorhanden sind
  → Ziel: da nicht konkrete Titel im Kanon festgelegt sind, sondern lediglich Vorschläge gemacht werden und Inhalte sowie Kompetenzen festgehalten werden. Das lässt der Lehrkraft bei der Auswahl Spielraum.
  → Berücksichtigung von Schülervorschlägen; bzw. gemeinsam mit den SuS Textauswahl treffen (Schülergruppen: 4 → jede ein Buch → Präsentation)

- Rahmenplan
- Wissenswerte Information sollten enthalten sein
- Logisch gut strukturiert sein (Abschnitte; Zwischenüberschriften)
- Anschlussmöglichkeiten für die Textarbeit sollten möglich sein und zum kreativen Schreiben und der künstlerischen Gestaltung drängen
- Dem Alter der SuS entsprechen sowie ein zeitgemäßes Thema haben
- Der Text muss vom L und von den SuS akzeptiert werden. Leseerwartungen müssen erfüllt werden
- Der Text muss spannend und unterhaltsam sein (besonders wichtig bei Lesern der Sek I, die unterhalten werden wollen) Möglich durch ‚action' oder Aufrechterhalten des Spannungsbogens
- Der Text muss situationsangemessen sein (wenn SuS eine Kurzgeschichte zu Weihnachten in den USA lesen, sollte dieser Text auch aus diesem Land stammen und übliche Traditionen widerspiegeln.)
- Der Text sollte auswertbar sein, d.h. man sollte über versch. Themen diskutieren können.
- Der Texte sollte lesbar sein, d.h. Vokabular und Satzbau sollten einen mittleren Steilheitsgrad haben. Der Text sollte zudem kohärent sein. Nicht nur sprachlich, sondern auch inhaltlich sollte der Text an das Vorwissen der SuS anknüpfen. Ebenso sollte das Layout des Textes dem Alter und Leistungsniveau der SuS angepasst sein. Textlänge und Schwierigkeitsgrad (logische Strukturen) an die Fähigkeiten der SuS angepasst sein.
- Didaktisierte Texte (simplified literature) sollten besonders ab Klasse 9./10. Der Sek I nicht mehr eingesetzt werden, da die SuS authentisches Textmaterial verwenden sollen. Authentisches Textmaterial hat ein größeres Motivationspotenzial; Syntax, Wortschatz und Rhythmus spiegeln richtige Sprache wider.
  • Gute Adaptionen: Eigenschaften der Charaktere und Handlungsstränge kommen dem Original sehr nah. Die Erzählperspektive und Erzählweise bleiben erhalten. →

Dann ist auch die Heranführung an eine formal-analytische Leseweise auf einer sehr frühen Lernstufe möglich. Inhaltlich sollten nur Handlungen gekürzt werden, die intensive Vorkenntnis bzgl. Philosophie, Psychologie, Geschichte und landeskundliche Bezüge nicht realisieren können.

- Wörterzahl wird vom Verlag angegeben. Lektüren für Primarstufe : 300 Wörter; 5./6. Klasse: ab 500 Wörter; Ende der Sek I : 1800 bis 2000 Wörtern.
  - Steilheitsgrad: Verhältnis bekannter Wörter zu neuen Vokabeln. (Bsp.: Steilheitsgrad 5 : 100 Wörter enthalten 5 unbekannte Vokabeln) – Dieser Wert sollte nicht überschritten werden
  - Brückenfunktion zu authentischer Literatur
→ In der Sek I : Jugendliteratur, die sich direkt an die jeweilige Altersgruppe richtet
  - Brückenfunktion zwischen schulischen und außerschulischen Aktivitäten → Selbstreflexion → Identifikation mit einer Figur → Verständnis für englischsprachige Kultur und Lebenswelt (sollte aber keine homogene Darstellung einer Kultur sein, sondern unterschiedliche Facetten kultureller Identitäten aufzeigen)
  - Vokabelangaben oder Kürzung des Textes kann durch die Lehrkraft erfolgen
- Auf die Interessen von Mädchen und Jungen sollte dabei eingegangen werden. Bei Gruppenarbeit lassen sich z.B. verschiedene Kurzgeschichten thematisieren. Somit wird gleichzeitig nach Interessen differenziert, was zu einer Motivationssteigerung führt.
- Einbezug der gesamten englischsprachigen Welt
- Preiswert und leicht erhältlich

Rolle der Lehrkraft beim Einsatz literarischer Texte (Nünning; Surkamp 2006)

- Formulierung des angestrebten Lernziels(en)
- Arbeits- und Sozialformen angemessen auswählen
- Konkrete Aufgabenstellungen entwickeln
- Dialog zwischen Leser und Text fördern und als Impulsgeber und Vermittler fungieren
- Motivation und Kenntnisstand der SuS einschätzen und demnach Methoden auswählen
- Individualisierung beachten
- Lehrkraft ist fachliche Instanz
- Verschiedene Textsorten mit altersgemäßen Verfahren näherbringen
- Lesemotivation wecken und Interesse für fremdsprachliche Texte über den Englischunterricht hinaus zu fördern
-

Lehr- und Lernziele im fremdsprachlichen Literaturunterricht (Nünning; Surkamp 2006)

- Kommunikative Kompetenz: nicht primär literaturwissenschaftliche Methoden vermitteln, sondern zur intensiven Auseinandersetzung mit Literatur anregen und zum Sprechen über individuelle Leseerfahrung anregen
- Soziale Kompetenz
- Methodenkompetenz: sollten an die Lernziele angepasst sein
- Textverstehen/ Lesekompetenz: lexikalische, grammatikalische und landeskundliche Texte sowie Texterschließungsstrategien und –techniken (skimming, scanning)
  - Texterschließende und –überschreitende Methoden
    - Darstellendes Vorlesen
    - Konzentration auf einzelne Textstellen (Focus-Methode)
    - Emotionales Erleben und reflexive Verarbeitung
    - Andere Medien nutzen
    - Vergleich von Texten
- Literarische Kompetenz: verschiedene Gattungen kennenlernen und ihre Besonderheiten zu beschreiben (Aufbau von Gedichten, Dramen etc.); zudem eigenständig Texte analysieren u. kritisch bewerten können (dazu gehörig auch imaginative Kompetenz)
- Emotive Kompetenz
- Kreative Kompetenz
- Hör-/ Sehverstehen: Sprachtexte hörend verstehen und Bilder/ Filmmaterial entschlüsseln können. Vermittlung von Lesekompetenz kann bei Förderung von Medienkompetenz hilfreich sein.
- Schreibkompetenz: verschiedene Textformen produzieren und deren Aufbau kennenlernen (Brief, Argumentation, Interpretation, Bildbeschreibungen etc.) Ein literarischer Text lässt sich kürzen, erweitern, ergänzen, neu ordnen, neue Perspektive, neue Textform (Somit lernen SuS Besonderheiten mehrerer Textformen kennen und können diese selbst anwenden.

Leistungsermittlung und Leistungsbewertung (Haß 2006)

- Multiple-Choice-Verfahren
- Testzusammenfassung (summary)
- Beantwortung von Fragen zum Text
- Essay (comprehension – analysis – comment)
- Kreative Textproduktion gegenüber den nicht mehr bevorzugten ‚comprehension question'
- Lesetagebücher und literarische Portfolios: zeigen SuS und L den Prozess einer Einheit an; sind aber durch die individuellen Ausprägungen schwer zu bewerten.

- Buchvorstellung: eine schriftliche Ausarbeitung / ein Buchprofil sollte mit einer Präsentation zusammen zu einer Note führen
- Szenische Darstellung (Dramen etc.)

Quellen:

Literaturunterricht und Textarbeit. In: Haß, Frank. Fachdidaktik Englisch: Tradition – Innovation – Praxis. Stuttgart: Klett 2006, S. 147-167.

Grundlagen des Literaturunterrichts. In: Nünning, Ansgar; Surkamp, Carola. Englisch Literatur unterrichten. Grundlagen und Methoden. Seelze: Klett 2006, S. 11-61.

Texte und Literatur. In: Klippel, Friederike; Doff, Sabine. Englischdidaktik: Praxishandbuch für die Sekundarstufe I und II. Berlin: Cornelsen 2007, S. 128-143.

Gehring, Wolfgang: Englische Fachdidaktik. Eine Einführung. Berlin: Schmidt 1999.

(Textauswahl, Textzusammenstellung, Arbeit mit Texten. In: Volkmann, Laurenz. Fachdidaktik Englisch: Kultur und Sprache. Tübingen: Narr 2010, S. 223-233.)

Lese- und Leseverstehen

- Stille Informationsentnahme aus geschriebenen Texten (Normalform. Andere Formen: Mitlesen, lautes Vorlesen, Rollenlesen etc.)
- Kulturtechnik
- Lesen ist eine Fähigkeit, die früh geprägt werden muss, da ein Großteil der Informationsaufnahme in der Schule textorientiert verläuft
  → Schwierigkeiten beim Lesen in der Muttersprache führen dazu, dass auch der Fremdsprachenunterricht betroffen ist (Interdepenzhypothese)
- Lesefertigkeit ist ein komplexes Zusammenspiel von Dekodieren und Wiedererkennen von graphischen Zeichen und Wörtern und der sich anschließenden Bedeutungskonstruktion

Psycholinguistische Grundlagen des Leseverstehens (Haß 2006)

- Rezeptive bzw. rezeptiv-reproduktive Tätigkeit, durch die der Inhalt schriftlich fixierter Aussagen erschlossen wird
- Der Lesevorgang:
  - Leser lässt Blick über Zeilen gleiten: nicht gleichmäßig, sondern in Sprüngen (sog. Saccaden: schnelle Bewegung der Augen zur Findung eines Fixpunkts). Die Sprünge zu neuen Fixpunkten kann bei guten Lesern bis zu 31 Buchstaben betragen. Bei Erreichen eines Fixpunktes entspannt sich das Auge für 150-500 msek. Währenddessen gehen Denkvorgänge zur Prozessierung des Gelesenen vor um das Gelesene zu erschließen und zu speichern. Im Negativfall wird refixiert.
  - Lesen von Mustern/ Buchstabenreihenfolgen ohne das ganze Wort Buchstabe für Buchstabe lesen zu müssen. Manchmal liest man oftmals was man erwartet zu lesen. Auch die Syntax der Sprache hilft sich beim Lesen zu orientieren und zügig Standort von Verb auszumachen zur Satzanalyse.
  - Reaktivierung und Ableitung des sprachlichen und sachlichen Wissens
  - Klärung von Mehrdeutigkeiten (Kontextfrage)
  - Aktivierung von Kenntnissen einer Textstruktur (z.B. Essay)
  - Steigerung oder Abfall der Lesemotivation
  - Semantic mapping: bewusstes Auslassen von Informationen, die einem unwichtig erscheinen
  - Aktivierung unterschiedlicher Verstehensebenen
  - Vorausinterpretation
  - Vorstellung der Handlung

Die Überprüfung des Leseverstehens (Haß 2006)

- Überprüfung zur Diagnose (selektive Beobachtung von Lernenden, Fragebogen zu einer Short Story in Einzelarbeit)

Kategorien von Aufgaben zur Überprüfung des Leseverstehens:

- Aufgaben ohne Sprachproduktion (z.b. multiple choice)
- Kreative Aufgaben (z.b. Veränderungen in einem Bild vornehmen)
- Aufgaben zur Texterschließung (z.b. Bedeutung von Wörtern aus Kontext erschließen, Reihenfolge in Ereigniskette herausfinden lassen)
- Beantworten von Fragen
- Szenische Umsetzung

Lesearten im Englischunterricht (Haß 2006)

- Stilles Sinn entnehmendes Lesen
  - Dient der Eigeninformation
  - Teilprozesse
    - Erfassen der orthographischen Zeichen, anfangs über das Kombinieren von Buchstaben; später größere Sinneinheiten
    - Erfassung semantisch-syntaktischer Beziehungen im Kontext
    - Assoziationsbildungen mit bereits vorhandenem Wissen

- Lautes Lesen: Fremdinformation
- → Assoziation des Schriftbilds mit entsprechendem Klangbild
  - Vorlesens unbekannter Texte (Graphem-Phonem-Relation als Schwierigkeit, sodass die Bedeutung des vorgetragenen Textes oft nicht erschlossen werden kann) Dies sollten besonders nur sichere Leser machen, die große Saccaden machen und den Inhalt während des Lautvorlesens begreifen können
  - Vorlesen durch den Lehrer: L demonstriert verschiedene Vorlesetechniken, die richtige Aussprache, Flüssigkeit sowie nonverbale Elemente wie Gestik, Mimik. Unterschiedliche Textformen werden unterschiedlich betont vorgelesen. Die SuS sollen dabei aktiv zuhören und –sehen.
  - Vorlesen bekannter Texte zur Wiederholung und Festigung. Lesen in verteilten Rollen (bes. bei Dialogen im Englischunterricht) kann motivierend sein. Arbeit im Sprachlabor mit anschließendem Anhören hilft bei der Selbsteinschätzung.
- → Wichtiges methodisches Mittel zur Ausspracheschulung und förderlich für die Entwicklung des stillen Lesens (denn auch dort wird Aussprache mental vollzogen)
- → Allerdings soll das Laute Lesen begrenzt angewandt werden, da die Konzentration auf die Lautung stärker ist als auf die Bedeutung
- → Ein Text sollte vorher still gelesen und verstanden worden sein

- Skimming: überfliegendes/orientierendes Lesen: Text soll global erfasst werden und es soll nach Schlüsselwörtern oder Schlüsselfragmenten gesucht werden. (Ersten Leseeindruck einholen)
- Scanning: Das suchende/ selektive Lesen: Auffinden bestimmter Information (Charakteristika von Person X)
- Intensives Lesen: genaue Informationsentnahme (auch : statarisches Lesen) – mehrmaliges Lesen – evtl. mit Nutzung von Hilfsmitteln (Wörterbuch, Leitfragen), der Text wurde von der L umgestaltet und mit adäquaten Zwischenüberschriften versehen, Layout angepasst, Bilder eingefügt (angepasst an Alter und Leistungsniveau)
- Ganzheitliches Lesen: Texte sollen trotz hohen Schwierigkeitsgrades bzgl. Wortschatz und Strukturen gelesen und verstanden werden. Dazu dient Vorentlastung: Wortschatzarbeit etc.
- Mitlesen: Graphem-Phonem-Beziehung wird über das Imitationslernen miterlebt → Aussprache und Wortbedeutung wird eingeprägt
- Proof-reading: Korrekturlesen. Das Suchen nach Fehlern macht den SuS Spaß, da nicht der L sondern sie selbst die Aufgabe haben, einen Text zu korrigieren (auch selbstproduzierte Texte der Mitschüler)
- Schnelllesen: kann geübt werden an z.b. DVD-Untertiteln (allerdings geht dabei der Sinnzusammenhang und die Bild-Text-Relation verloren)
- Extensives Lesen: freiwilliges Lesen selbstgewählter Lektüre: motivierend und unterhaltend. Text wird zügig gelesen und verstanden (Ganzschrift)
- Kursorisches Lesen: man versucht mit Blick auf eine konkrete Fragestellung die wesentlichen Aussagen des Textes zu erfassen
- Analytisches Lesen: intensive Auseinandersetzung mit dem Text oder einzelnen Passagen (im Rahmen einer Gedichtinterpretation oder einer historischen Quellenanalyse)
- Instruktives Lesen: Rezepte
- Literarisches Lesen: stark interpretatorisch. Lesen wird immer wieder unterbrochen und auf bestimmte literaturwissenschaftliche oder interpretatorische Fragen eingegangen.

→ Kombinierendes Lesen: Nicht nur eine Lesestrategie wird angewandt, sondern mehrere. Einige Textpassagen werden intensiv gelesen, andere nur orientierend wahrgenommen. Ist eine solche Flexibilität zu beobachten, kann dies als Anzeichen für eine bereits gut entwickelte Lesefähigkeit gewertet werden.

Lesen in der Sekundarstufe I (Doff/ Klippel)

- Heterogene Gruppen (bes. Gesamtschulen)
- Phase der Vorpubertät und Pubertät
  → SuS befinden sich in unterschiedlichen Phasen der kognitiven, sozialen und soziokulturellen Entwicklung sowie ihrer eigenen Identitätsfindung → beeinflusst Leseprozess

- Stark unterschiedliche Leistungsbereitschaft und –vermögen sowie unterschiedliche sprachliche und Lesekompetenzen in Mutter- und Fremdsprache
- **Ansätze:**
  - Heterogene Gruppen → verschiedene Lerntypen → kreatives Potential von Texten nutzen
  - Auf Vorwissen der SuS aufbauen → motivierend
    - SuS mit Migrationshintergrund haben bereits Erfahrung mit fremden Sprachen und Kulturen → können zum interkulturellen Lernen beitragen
  - Dialog über die eigene Reaktion auf den Text → je nach Leistungsstand auf vorgefertigte Fragenkataloge zurückgreifen
  - Personal-response approach: Schüler als Akteur, der sich emotional und handelnd mit Texten auseinandersetzt, der nicht nur Rezipient sondern auch Produzent ist → Handlungsorientierung (ästhetisch-künstlerische Auseinandersetzung) – vs. Produktionsorientiert (zielt auf das Produzieren eigener Texte hin, wobei das kognitive Vermögen der SuS im Vordergrund steht: ‚Texte über Texte schreiben')
- **Kreative Verfahren im Umgang mit literarischen Texten:**
  Besonders wichtig für lernschwache SuS → Erfolgserlebnisse
  - Kreative Verfahren, die sich von Sprachproduktion loslösen:
    - Stimmung des Textes in einer Collage oder einer Zeichnung wiedergeben
    - Lesezeichen entwerfen
    - Werbeplakat entwerfen
    - Text durch Bilder illustrieren/ Comic
    - Freeze frames pantomimisch darstellen lassen (mit Ratespiel verbinden)
  - Mit Sprache oder Schrift
    - Dialog nachspielen
    - Laut und mit verteilten Rollen lesen
    - Tagebucheintrag
    - Hörspiel selbst machen
    - Brief an Autor oder an Protagonist schreiben
    - Kritik über das Buch schreiben
    - In eine andere Textsorte übertragen
    - Vorgeschichte/ Nachgeschichte; alternativen Schluss entwickeln

Lesekompetenz fördern (Haß 2006)

- Stage readers/ simpflified versions (in Klassenbibliothek ab Klasse 5)
- Breite Auswahl in Klassenbibliothek, Leseecke
- Längere Texte: Lesestrategien
- Arbeitsteilige Gruppenarbeit: Ein SuS ist Manager und Arbeitsschritte vorgibt, ein SuS ist Helfer und gibt Hilfestellungen und ein weiterer SuS ist Protokollführer.

- Questionnaires: SuS stellen Fragen an den Text, die sie gerne für sich beantwortet hätten: Erwartungshaltung → Lesemotivation
- Finding clues: Denkvorgänge werden versprachlicht, wenn Aufgaben gelöst und Fragen beantwortet werden
- Übungen zur Erweiterung der Fokusbreite: z.b. Overheadfolie mit verschieden langen Sätzen. Die unterschiedliche Fokusbreite kann bunt markiert werden. Dies kann im einem Leseprozessportfolio Einklang finden.
- Bottom-up processing vs. Top-down processing kombinieren (
  - Bottom-up: von der Dekodierung von Wörtern und Sätzen zur Gesamtbedeutung
  → Von einem Teil zum Ganzen
  - Top-Down: von der Hypothesenbildung auf den Text/ von etwas Allgemeinen zu etwas Besonderem) [Bsp. 1. American Politics 2. Washington]
  → Vom Ganzen zum Besonderen.

- Alternative: Interaktives Model : Kombination beider Verfahren

- Diagnose vorausgesetzt (Fehlerschwerpunkte)
- Beherrschung literarischer Analysekategorien und Methoden der Texterschließung als Voraussetzung
- Spielerische , handlungsorientierte Verfahren
- Mit produktionsorientierten Verfahren lernen die SuS Machart von Texten kennen und werden zum ‚Koproduzenten' des Autors: auch ‚produktive Interpretationsverfahren' genannt
- Angemessener Methodenwechsel, da eine einzelne Methode nur eine oder eine begrenzte Anzahl an Fähigkeiten ausbildet. Dieser sollte auf die Bedürfnisse der SuS zugeschnitten sein.
- Lernerfolge: Texte sollten dem Leistungsniveaus und dem Alter entsprechend sein (neue lexikalische Items, Themen Anfang der Sek I noch konkret (Sports in America) und zum Ende der Sek I abstrakter (Love).
- Mit Erwerb der Lesekompetenz in der Sek I soll die Texterschließung selbstständiger erfolgen.
- Leseinteresse und –Motivation steigern
- Leseflüssigkeit steigern (→ auch: Motivation): z.b. paired reading (Lautlese-Verfahren in festen Lesetandems)
  - Erweitern des Lesefeldes und Erhöhen des Lesetempos z.b. Abdecken einer Zeile nach dem Lesen und sofortiges Reproduzieren
- Reflexionsfähigkeit: Um Leseprozesse zu steuern, müssen SuS ein Bewusstsein für ihre Lernwege und Lernfortschritte entwickeln:
  - Reading goal chart erstellen (Ziele werden definiert)
  - Sich beim Leseprozess beobachten (Beobachtungsbögen, Lesetagebuch, Leseportfolio)

Lesespiele (Haß 2006)

- Spielanleitungen in Gruppen lesen: unterschiedliche Spiele werden einander nach intensivem Lesen erklärt
- Textteile in richtige Reihenfolge bringen
- Bilder vorgelesen Texten richtig zuordnen (15 jokes und 15 Bilder)
  • Punch Lines den 15 jokes zuordnen (Pointe erahnen)
- 15 SuS bekommen jeweils eine kleine Geschichte, weitere 15 bekommen den letzten Absatz. SuS sollen einander finden
- Postkarten dem Land des Adressaten zuordnen (nur Text)

Unterrichtskonzeption zur Schulung des Leseverstehens (Haß 2006)

- Strategisch ausgerichteter Leseunterricht:
  • Nicht nur um den Leseprozess selbst, sondern um Entwicklung und Vermittlung von Lesestrategien und deren Anwendung bei verschiedenen Textsorten

1. Schritt: Hinführung zum Thema (pre-reading): Anknüpfung an Aktuelles, Selbsterlebtes, Eingehen auf Schülerinteressen, Bilder
2. Schritt: Aufbau von Lesemotivation (pre-reading): Reaktivierung des Weltwissens zum Thema, provokante Statements, Überschriften/ Schlagzeilen
3. Schritt: Konkrete Formulierung von Leseaufgaben (pre-reading): Fragen/ Aufgaben zum vermuteten Handlungsablauf
4. Schritt: Vorentlastungen (pre-reading): lexikalische und strukturelle Vorentlastungen: Nur die Wörter und Strukturen, die nicht aus dem Textzusammenhang erschlossen werden können. Ebenso sollten passende Lesestrategien vereinbart werden (metakognitives Gespräch)
5. Schritt: Stilles Erlesen und Bearbeiten der Aufträge (while-reading): Arbeitsblätter werden verteilt. Fragen können alleine, in Partner- oder Gruppenarbeit nach dem stillen Lesen beantwortet werden
6. Schritt: Vortrag und Vergleich der Ergebnisse (Post-reading): Ergebnisse werden im Plenum vorgetragen. Diese werden bewertet, mit anderen verglichen, im Text erneut nachgelesen, zusammengefasst, als Schema an der Tafel fixiert etc.
7. Schritt: Anschlussaktivitäten: Stellungnahme, Zwischenüberschriften, Textteil spielen, Diskussion etc.

Handlungsorientierung: pre-, while- und post-reading activities (Haß 2006; Nünning; Surkamp 2006)

- Das Drei-Phasen-Modell soll der Komplexität des Textverstehens gerecht werden und SuS schrittweise Lesekompetenz anerziehen
- Besonders bei fremdsprachlichen Texten wichtig, da diese Barrieren auf sprachlicher, inhaltlicher und kultureller Art enthalten

16

Pre-reading:

- Leser auf Text einstimmen und Interesse für Inhalt und Form des Textes wecken
  - Vorwissen aktivieren (kulturelles und literarisches Wissen [Gattungswissen])
  - Persönliche Erfahrungen
  - Erwartungshaltungen gegenüber dem Text zu wecken
  - SuS mit Vokabular eines Textes vertraut zu machen und sprachliches Vorwissen aktivieren
  - Kontextuelles Wissen zum Text (kultureller Hintergrund, Epoche, Autor)

Activities:

- Fantasiereise (Lehrer stellt Fragen und SuS versetzen sich an einen bestimmten Ort)
- Visuellen und/ oder akustischen Medien (Bilder, Fotos, Collage, Gegenstände, Musik, Filmausschnitte etc.) → Impulse geben
- Gespräch über Titel, Cover des Romans, erster Abschnitt → Spekulation zum möglichen Inhalt; kontroverses Statement diskutieren
- Anderer Einstiegstext (z.b. Zeitungsartikel) → neue Lexik und Thema einführen
- Meinungsumfragen/ Diskussion zu einem bestimmten Aspekt
- Brainstorming/ MindMap
- Vergleich mit anderen Romananfängen → Besonderheiten des Textbeginns erläutern
- SuS suchen selbstständig Informationen zum Autor oder zum historischen/ kulturellen Hintergrund (Zeitungen, Lexika, Internet) → Präsentation der Teilgruppen

While-reading:

- Textverständnis sichern
- Kreative Auseinandersetzung mit dem Text → regen Sinnbildungsprozesse an
- Arbeitsaufträge während des Lesens (beim ersten Lesen : erster Leseeindruck)
- Visualisierung des Gelesenen (Unterstreichen, plot, time line, mind maps, pictures etc.)

Activities:

a. **Persönliche Reaktionen artikulieren**
- Vorgeschichte zum ersten Absatz schreiben oder spielen
- Hypothesen über weiteren Verlauf der Handlung bilden (mündlich, schriftlich, zeichnerisch)
- Dialoge oder Handlungen, die im Text nicht vorkommen, einfügen
- Mit Vorhersagen aus dem Pre-Reading vergleichen

b. **Den Text übe verschiedene Medien erschließen**
- Text rezitieren (ggf. mit Zwischenmusik oder unterlegter Musik)
- Erste Leseeinrücke umsetzen (Bilder, Comics, Collage, Standbild)

c. Das aktive Lesen fördern
- Text rekonstruieren (Puzzletechnik)
- Auf bestimmte Aspekte hin lesen
- Erste Leseeindrücke dokumentieren (Fragen an Text; Randbemerkungen)
- Relevante Textpassagen unterstreichen u. Schlüsselwörter notieren
- Text in Sinnabschnitte gliedern und passende Überschriften gliedern

d. Neuen Wortschatz sichern
- **Glossare zu unbekanntem Vokabular erstellen**
- **Wörterbucharbeit**

e. Textverständnis sichern
- Einzelne Passagen hören oder sehen → dazugehörige Seh oder Hörübungen
- Textlücken ergänzen
- Zuordnungsaufgaben
- Kurze Inhaltsangaben zu einzelnen Kapiteln/ Abschnitten
- Geschichte mit Schlüsselwörtern nacherzählen/ Wortkarten in Reihenfolge bringen

f. Leseeindrücke reflektieren
- Deutungsprobleme artikulieren
- Stellungnahme zu Thesen über das Gelesene

Post-reading:

- Inhaltliche und sprachliche Auswertung von Texten sowie deren Interpretation
- Intertextuelles Verständnis

Activities:

a. Einzelne Elemente eines Textes konkretisieren
- ein passendes Buchcover oder Werbeplakat entwerfen
- inhaltliche Aspekte ausführen, die im Text ausgespart wurden (Gedanken d. Fugren, Monologe, Tagebucheinträge etc.)
- Brief an Autor oder Protagonisten

b. Einen Text umschreiben oder erweitern
- Aus einer anderen Perspektive
- Weitere Handlungen einfügen
- Alternative Handlungen einfügen (anderer Schluss)
- Text umschreiben (Vergangenheit; Zukunft)
- Erfinden einer Vorgeschichte (bezogen auf eine bestimmte Figur)

c. Einen Text in ein anderes Medium oder eine andere Textsorte übertragen
- in eine andere Textsorte übertragen (z.B. Gedicht)
- Visualisierungen: Film, Bild, Collage, Comic, Film, Brettspiel, Standbild
- → Eine andere Gruppe könnte diese entschlüsseln → einen Text schreiben
- Text vertonen (Musik, Hörspiel)

d. Sich persönlich und interpretatorisch mit einem Text auseinandersetzen

- Rezension an Autor verfassen
- Leseempfehlungen/ Brief an einen Freund mit der Empfehlung
- Literaturzeitung (eignet sich als Projekt über ein Halbjahr, sodass individuelle Buchvorstellungen Eingang finden können)
- Interpretation schreiben/ auf bestimmte Aspekte fokussieren
- Komm. Kompetenz: Diskussionen, Interviews, Rezeptionsgespräche
- Filmausschnitte → Vergleich

→ Schülerprodukte (wie eine Literaturzeitung) können ausgestellt/ vorgestellt (Aula, Internet, Klassenraum) werden oder aufgeführt werden (Theaterstück)

→ SuS erkennen Sinn ihrer Arbeit : ,Strategie gegen Folgelosigkeit des Unterrichts'

Interkulturelles Lernen: The Carribean

- In der Karibik werden Varietäten des Standard English (Pidgins and Creoles) gesprochen, sodass eine Behandlung von Texten im Englischunterricht angebracht ist.
- Interessant, da es kulturell betrachtet und bezüglich des Klimas und der Vegetation ein besonderer Schauplatz ist.
- Die SuS lernen einen Teil britischer Kolonialgeschichte kennen
- Die SuS lernen sich mit dem Leben von Sklaven auseinanderzusetzen und entwickeln Empathie und Toleranzbereitschaft (Rassismus gegenüber ehemaligen Sklaven in den USA als weiteres Thema)
- Die SuS lernen eine Kultur kennen, die sich von unserer stark unterscheidet → Interkulturelles Bewusstsein
  - Sprache und Kultur sind beim Sprachenlernen nicht trennbar; Andere Kulturen machen neugierig und durch die fremdartige Kultur entwickelt sich „notgedrungen" das Bedürfnis eine andere Sprache zu erlernen.
- Das Thema bietet die Möglichkeit vieler kreativer Verfahren (Reggae und Calypso Music, Afrikanische Riten, Vodoo, Karibischer Karneval, Rezepte, Produktion von Rum, Pirates)

→ Caribbean Short Stories eignen sich besonders, um verschiedene Facetten zu zeigen

Quellen:

Grundlagen des Literaturunterrichts. In: Nünning, Ansgar; Surkamp, Carola. Englisch Literatur unterrichten. Grundlagen und Methoden. Seelze: Klett 2006, S. 11-61.

Texte und Literatur. In: Klippel, Friederike; Doff, Sabine. Englischdidaktik: Praxishandbuch für die Sekundarstufe I und II. Berlin: Cornelsen 2007, S. 128-143.

Methoden der Literaturvermittlung. In: Nünning, Ansgar; Surkamp, Carola. Englisch Literatur unterrichten. Grundlagen und Methoden. Seelze: Klett 2006, S. 61-82.

Lesen- und Leseverstehen. In: Haß, Frank. Fachdidaktik Englisch: Tradition – Innovation – Praxis. Stuttgart: Klett 2006, S. 147-167.

Leseverstehen. In: Gehring, Wolfgang. Englisch Fachdidaktik: Theorien, Praxis, forschendes Lernen. Berlin: Schmidt 2010, S. 149-157.

(Fertigkeitsbezogene funktional-kommunikative Kompetenzen. In: Decke-Cornill, Helene; Küster, Lutz. Fremdsprachendidaktik: eine Einführung. Tübingen: Narr 2010, S. 181-191.)

(Lesen- und Leseverstehen. In: Hallet, Wolfgang; Königs, Frank. Handbuch Fremdsprachendidaktik. Seelze: Klett 2010, S. 87-91.)

Leseverstehen und Lektüre. In: Borgwardt, Ulf. Kompendium Fremdsprachenunterricht. Ismaning: Hueber 1993, S. 131-139.

(Shorties. In: Thaler, Engelberdt. Teaching English Literature. Ferdinand Schöningh Verlag: Paderborn 2008, S. 78-99.)

(Reading. In: Thaler, Engelberdt. Teaching English Literature. Ferdinand Schöningh Verlag: Paderborn 2008, S. 47-53.)

Mitchell, Michael: „Nobody or a Natioin": Intercultural Adventures in the Caribbean. In: Teaching the New English Cultures & Literatures. Universitätsverlag Winter: Heidelberg 2010, S. 73-90.

Filme im Englischunterricht

- Medium Film ist plurimediale Darstellungsform: er bedient sich sprachlicher, außersprachlich-akustischer (on-screen vs. Off-screen) und optischer Codes (Figuren, Schauplätze, Farbgebung, Belichtung, Kamerabewegung, Kamerawinkel, Montage (shots → sequences durch Cuts, Doppelbelichtung, Überblendung und Ablendung), flashbacks, flash-forwards, Parallelmontage (Verbindung min. zweier Handlungsstränge)
- Film kann nicht nur gezeigt werden, sondern auch selbst produziert (z.b. im Anschluss an eine behandelte Kurzgeschichte, welche sich aufgrund ihres überschaubaren Plots für eine filmische Auseinandersetzung eignet. Problem: technische Ausrüstung. Heutzutage ist dies aber auch mit Smartphones oder Ipads möglich.

Ziele von Filmen im Unterricht/ Vorteile (Haß)

- Nähe von Filmen zu Erzähltexten und Dramen → Interesse aus literarischer Sicht richtet sich auf Plot, Charaktere, Raum-, Zeitdarstellung
- Bekannte Verfahren der Textarbeit lassen sich auch auf das Medium Film anwenden (pre, while, post-viewing)
- Hör und Sehverstehen üben
- Authentisches Sprachmaterial: Zielsprache wird durch Bilder, Handlungen, Interaktionen kontextualisiert. Filme sind oftmals für SuS leichter verständlich
- Kann als Einstieg für Arbeit mit Literatur dienen oder literarische Arbeit abschließen
- Entwicklung von Filmkompetenz: bewegte Bilder im Zusammenhang mit Text zu lesen und zu verstehen (Audiovisuelle Texte). Da das Medium Film/Fernsehen unseren Alltag bestimmt, ist es wichtig, mit diesem bewusst umzugehen. (nicht erst in Sek II)
- Interkulturelles Lernen
- Schafft Motivation; auf Erfahrungen der SuS kann zurückgegriffen werden.
- SuS lernen Filmsprache kennen
- Entwicklung von Empathie und Toleranz, da Visualisierung verstärkt emotionale Reaktionen auslösen → Gespräche und Diskussion kann entstehen
- Dem Leistungsniveau der SuS entsprechend können Untertitel eingeblendet werden
- Filmmusik kann thematisiert werden und mit der Handlung in Beziehung gesetzt werden

- **Mögliche Probleme**:
  - Austattung in den Schulen (Beamer? Größe des TVs?)
  - Unklare rechtliche Situation (public viewing?)
  - Verständnisschwierigkeiten (Untertitel? Zusätzliche Lautsprecher?) → Um Frustration zu vermindern, sollte ein Film gewählt werden, der sprachlich dem Leistungsniveau der SuS entspricht. Dialekte sollten ausgelassen werden. BE oder AE! Bei Untertiteln ist das Auge aufmerksamer als die Ohren. Wenn: Englischer Untertitel, der mit dem Gesprochenen übereinstimmt.

- Methoden der Filmanalyse muss im Vornherein geklärt sein. Viele Dinge, wie (Zeitgestaltung, Plot, Figurenanalyse, Erzählweise) sind den SuS aus dem Umgang mit der Literaturanalyse bekannt. = besonders mit Aufführung eines Dramas (Kostüme, Requisiten, Mimik, Gestik etc.)
- Filmlänge – Ästhetischer Filmgenuss geht verloren, wenn dieser auf mehrere Stunden aufgeteilt wird/ Einzelne Sequenzen sollen zwar bearbeitet werden, allerdings ist es ratsam den Film als Ganzes zum Abschluss einer Einheit zu schauen.
- Divergierende Ziele: SuS schauen Film zur Unterhaltung und Entspannung, L wollen bestimmte Phänomene zeigen, Vergleiche zur Literatur ziehen etc. → Beobachtungsbogen beim Sehen des Films verteilen (eine Gruppe untersucht Kamera, andere Plot, andere Figuren etc. – Anschließend wird gegenseitig präsentiert)

- Wahrnehmungskompetenz (Sehverstehen): Schulung und Bewusstmachung von Prozessen intentionalen Sehens
- Filmästhetische und –kritische Kompetenz: Aneignung und Schulung der Fähigkeit zur kritischen Analyse und Bewertung filmischer Inhalte
- Interkulturelle Kompetenz: Förderung des Fremdverstehens sowie Entwicklung der Reflexionsfähigkeit über die eigene sowie die Zielkultur.
- Produktions- und rezeptionsästhetische Kompetenz: Sensibilisierung für den Einfluss von Produktionsbedingungen auf ästhetische Formate
- Fremdsprachliche Handlungs- und Kommunikationskompetenz: Schulung des fremdsprachlichen Seh-Hörverstehens

The language of film (Thaler)

1. Einstellungsgröße
   - Extreme long shot (Weitaufnahme/ Panorama)
   - Long shot (Totale)
   - Full Shot (Halbtotale)
   - American Shot (Amerikanische) : Eine Person wird von seinen Knien aufwärts gezeigt
   - Medium shot (Nahaufnahme)
   - Close-up (Großaufnahme)
   - Extreme close-up (Detailaufnahme)
2. Point of View (Darstellungsperspektive)
   - Establishing shot: zeigt den Schauplatz in der Totalen
   - Point-of-view shot
   - Over-the-shoulder shot
   - Reaction shot: eine Figur reagiert auf etwas gerade erlebtes/gesehenes
   - Reverse-angle shot

3. Kameraperspektive
   - Normalsicht/Augenhöhe
   - Obersicht/Vogelperspektive
   - Untersicht/Froschperspektive
4. Kamerabewegung
   - Horizontaler Schwenk (von rechts nach links oder umgekehrt)
   - Vertikaler Schwenk
   - Kamerafahrt
   - Zoom
5. Aufnahmegeschwindigkeit
   - Normale Geschwindigkeit
   - Zeitlupe
   - Zeitraffer
   - Standbild
6. Farbgestaltung
   - Schwarzweiß
   - Farbe
   - Einfärbung

7. Lichtgestaltung
   - Starke Ausleuchtung
   - Schwache Ausleuchtung
   - Tageslicht
   - Kunstlicht
8. Montage
   - Shot/ Einstellung (kleinste Einheit)
   - Sequenz (größerer Ausschnitt)
   - Schnitt
   - Abblendung vs. Aufblendung
   - Überblendung
   - Parallelmontage
   - Rückblende
   - Vorausschau

Auswahlkriterien für Filmsequenzen

- Personen sprechen nacheinander, nicht gleichzeitig und nicht zu schnell
- Keine zu lauten Hintergrundgeräusche
- Verfilmtes Drama etc
- Aussprache entspricht Standard English (BE oder AE)
- Sprache und Handlung ergänzen sich
- Vorteil: SuS kennen Film oder Geschichte bereits
- Wiederholung ähnlicher Szenen im Film

- Musikalische Elemente oder Actionszenen als ‚Verschnaufpause'
- → Ganzer Film sollte wenn dann nur am Ende der Gesamteinheit gezeigt werden. Auch beim Medium Film lässt Aufmerksamkeit bereits nach wenigen Sequenzen nach.

Möglichkeiten der Filmvorführungen im Unterricht (Thaler)

1. Zeigen des ganzen Films
   Vorteile
   - Natürliche Art einen Film zu sehen
   - Unterhaltung, Spannung
   - Kein großer Aufwand

   Nachteile

   - SuS sind passiv → lernen nicht
   - Fokussieren sich nicht auf bestimmte Schlüsselszenen
   - Notieren sich nichts
2. Zeigen einzelner Segmente
   Vorteile
   - Zeigen des Films und untersuchen der Sequenzen erfolgt zusammen
   - Pre/ while/ post-viewing ist anwendbar
   - Der gesamte Film wird gesehen

   Nachteile

   - Unterbrechen des Film
   - Verlust der Spannung
   - Dauert lange
3. Sandwich approach: nur ausgewählte Sequenzen werden gezeigt, andere zusammengefasst
   Vorteile
   - Benötigt weniger Zeit
   - Irrelevante Szenen können gestrichen werden

   Nachteile

   - Auslassen von Szenen, die den ein oder anderen SuS vielleicht interessiert hätten (z.B. Liebesszene) → Film kann nicht in der Gänze verstanden werden
4. Clip approach: Zeigen einer einzigen Sequenz
   Vorteile
   - Eine wichtige Schlüsselszene kann gezeigt werden, die bei der Arbeit mit einem Buch wichtig ist
   - Diese kann oft wiederholt werden

   Nachteile

   - Isolierung einer Szene

Pre-, while- und post-viewing activities (Nünning, Surkamp)

1. Pre-viewing:
   - Auf Wortschatz des Films vorbereiten
   - Auf Thema einstimmen
   - Persönlicher Bezug
   - Titel besprechen → Werbeplakat anfertigen
   - Trailer → Inhalte besprechen
   - Freeze frames → Vermutungen
2. While-viewing:
   - Filmausschnitt ohne Ton → Handlung von Personen erläutern
   - Filmausschnitt ohne Bild → Konzentration ausschließlich auf Sprache → SuS können Dialog nachspielen oder ein Bild malen
   - Eine Gruppe hört Ton, andere sieht nur Bild. Anschließend teilen die SuS einander mit vervollständigen das Bild
   - Nur Musik zu einer Sequenz
   - Eine Figur wurde angesprochen, ist aber noch nicht aufgetreten. SuS vermuten über Aussehen und Charakter der Figur
   - Bei Anhalten des Films wird über den weiteren Verlauf spekuliert. Geeignet am Ende einer Schulstunde, wenn der Film in der nächsten Stunde weitergeführt werden muss
   - SuS fertigen Szenenprotokoll an : Zeit – Handlung – beteiligte Personen - Monolog/Dialog – Musik – Kamera
3. Post-viewing:
   - Rezeptionsgespräch führen
   - In eine andere Textsorte übertragen
   - Schlüsselszenen werden nachgespielt
   - Verfassen innerer Monologe
   - Remake des Films. Anderer Schauplatz, andere Zeit
   - Filmposter
   - Filmkritik/ Vergleich von versch. Kritiken geht voraus. → Kenntnis über Textsorte

Selbst Literatur verfilmen

- Besser in der Projektwoche:
  - Wählen Szenen aus, die sie verfilmen möchten (dabei kann jede Gruppe anders wählen)
  - Dazu werden Rollen verteilt, Requisiten, Orte und Kleidung ausgesucht
  - Schreiben zuerst ein Drehbuch, dass jeder zunächst verinnerlicht
  - Sie entwerfen einen Trailer
  - Vergleich mit verschiedenen Verfilmungen

Quellen:

Literatur und Textarbeit. In: Haß, Frank. Fachdidaktik Englisch: Tradition – Innovation – Praxis. Stuttgart: Klett 2006, S. 147-167.

Literature & Film. In: Thaler, Engelberdt. Teaching English Literature. Ferdinand Schöningh Verlag: Paderborn 2008, S. 174-181.

Die Arbeit mit Literatur in anderen Medien I: Film. In: Nünning, Ansgar; Surkamp, Carola. Englisch Literatur unterrichten. Grundlagen und Methoden. Seelze: Klett 2006, S. 245-276.

Literaturästhetische Kompetenzen: die Arbeit mit Literatur, Film, Comics, Bildern. In: Decke-Cornill, Helene; Küster, Lutz. Fremdsprachendidaktik: eine Einführung. Tübingen: Narr 2010, S. 243-261.

Medien des Fremdsprachenunterrichts im Wandel. In: Decke-Cornill, Helene; Küster, Lutz. Fremdsprachendidaktik: eine Einführung. Tübingen: Narr 2010, S. 93-109.

Wortschatzarbeit

- Haß, Frank ab S.114
- Doff/Klippel
- Gairns/Redman. Working with words ab S. 54 und 73
- Gehring, Wolfgang ab S. 124
- Timm: Englisch Irnen und lehren ab S. 272

Definition
(Vorlesung)

= Gesamtheit aller Wörter einer Sprache zu einem bestimmten Zeitpunkt

= Gesamtheit aller Wörter einer Sprache, die ein einzelner Sprecher kennt und/oder verwendet

Einführung

- Wortschatzarbeit ist zeitaufwändig
  - Dauerhafte Wiederholung/Anwendung
  - Lernen ist individueller Prozess
- Unbewusstes Vokabellernen selbst durch comprehensive input hat geringeren Ertrag als angenommen → daher gezielte Wortschatzarbeit
- Wortschatzarbeit z.B. zur Vorentlastung von Texten
- Ziel der Wortschatzarbeit:
  - Herausbildung dauerhafter und anwendungsbereiten Kenntnisse über die Bedeutung Aussprache, Schreibweise und die grammatischen Formen und Funktionen des lexikalischen Materials sowie sicher Fertigkeiten im Gebrauch (Bogwardt, 1993)
- Bottom-up processing
  - Jede höhere Schicht baut formal auf den darunter liegenden auf setzt diese voraus → Phonem, Morphem, Wort, Wortgruppe, Satz... (Timm, 1998)
- Top-down processing
  - ?

Arten des Wortschatzes (Quelle?)

- rezeptiver/ passiver Wortschatz:
  - Gesamtheit aller Wörter, die der Lerner erfassen kann, wenn er sie hört (auditiv-passiv) oder liest (visuell-passiv)
  - Wörter werden erkannt und erfasst, aber nicht aktiv genutzt
  - Passiver WS größer als aktiver
- produktiver/ aktiver Wortschatz:
  - Gesamtheit aller Wörter, die der Lerner beim Sprechen oder Schreiben verwendet oder einsetzt
  - Wörter werden aktiv bei den produktiven Fertigkeiten gebraucht
  - durch intentionales Lernen, aktives Üben angeeignet
    - mündlich-aktiver Wortschatz

- schriftlich-aktiver Wortschatz
- aktuell produktiver WS
  - Wörter, die nur kurzzeitig produktiv beherrscht werden (angeeignet werden)
    - Vokabeln für einen Vortrag zu einem bestimmten Thema
    - Aneignung für den Urlaub
- Individuell-differenzierter WS
  - Wörter, die vom Lerner/Schüler individuell ausgewählt werden
    - Beispiel: Schüler redet über seine Hobbys
- potentieller Wortschatz
  - Menge der Wörter, die man aufgrund ihrer bekannten Teile bzw. aufgrund der Wortbildungsregeln erschließen kann
  - durch Ableitungs- und Wortbildungsregeln

Mentales Lexikon

- „human word-store" (Aitchinson, 1997)
- = der „Teil des Langzeitgedächtnisses, in dem die Wörter einer Sprache mental repräsentiert sind" (Hallte/Königs, 2010: 20)
- dient der Kodifizierung des Wortschatzes einer Sprache
  - visuell, auditiv, abstrakt (Erklärung), affektiv (Gefühlsebene), erweitert (Verknüpfung mit eigenen Erlebnissen), Assoziationskomplex, Wortkomplex
- komplex organisiert, wandelbar
- Wörter über netzartige Strukturen miteinander verbunden
- Wortform und Wortinhalt werden getrennt gespeichert

Strukturen im mentalen Lexikon

- paradigmatisch: Begriffs- und Wortnetze (Wochentage, Tiernamen etc.)
- syntagmatisch: feste Wortverbindungen Kollokationen, Idioms, Begriffsbeziehungen (agent-action, instrument-action)
- Sachnetze: thematische Vbdg. Zwischen Wörtern
- Wortfamilien, Synonyme, Homophone
- Klangnetze
- Affektive Netze (Konnotationen)
- Muttersprachliche Parallelen (aber auch false friends!)

Psycholinguistische Grundlagen

Abhängigkeitsfaktoren der Behaltensleistung
Frank Haß

- Quantität der Wahrnehmungen (versch. Wahrnehmungskanäle ansprechen)
- Beeindruckende Erstbegegnung
- Emotionale Qualität
- Unmittelbare Bedeutung/Relevanz
- Geordnete Präsentation der neuen Redemittel
- Weltwissen des Lernenden
- Sprachliches wissen des Lernenden
- Anzahl der Wiederholungen
- Anzahl der konkreten, außerschulischen Anwendungsmöglichkeiten
- Darbietungsmodus (Nachsprechen, Erklärung, Verknüpfung mit visueller Info)
- Qualität der Verwaltung des WS-Inventars (z.B. Karteikarten)
- Kreative Verwendung

Aufnahme neuer lexikalischer Einheiten

- Aussprache / Lautform
- Orthographie/ Schreibform
- Bedeutung → Semantisierungsverfahren
- Fügungspotenzen (Produktivität, mit welchen Wörtern verknüpfen)

Lerneinheiten

- eine lexikalische Einheit nur eine Bedeutung (die aktuelle) vermitteln
- Lexikalische Einheit = Wort/Wortgruppe/Satz/Wörter/Wendungen
- Varianten aufzeigen (break, broke, broken)
- Fügungspotenzen→ handsome nur mit 'boy' und 'man'
- Verknüpfung mit bereits vorhandenem Wissen
- Magische 7 - / chunks (nicht mehr als 7 Einheiten in einer Unterrichtsstunde)
- Chunks = lexikalische Grundeinheit der flüssigen Sprache (Doff/Klippel)
- je nach Schulart 300-700 produktive Vokabeln pro Lernjahr
- generell 8-12 produktive Begriffe in 60-min-Stunde

Rezeptives und produktives Vokabular

- Lehrer muss entscheiden, welche Lexik für die Sprachproduktion gelernt wird
- Übergang des Vokabulars von rezeptiv zu produktiv erfolgt schrittweise

Wieviel Einheiten sollen unterrichtet werden?

- Äußere Faktoren:
  - Ähnlichkeit der Form des Wortes zu dem Englischen Wort
  - Grad der Veranschaulichung des Wortes
  - Lernumgebung des Schülers
  - Sprachbegabung des Schülers
  - Lehrplan
- Faktoren seitens des Lehrers:
  - andere Pläne für die Stunde, die nicht die Wortschatzarbeit betreffen
  - Wie viel Zeit sich der Lehrer für Wortschatzarbeit nimmt

Grundmodell des Prozessverlaufs

1. Sprachstoffanalyse durch den Lehrer
2. Einbetten der Lexik in einen Kontext (z.B. in eine Geschichte) - Induktionstext
3. Unterbrechung des Erarbeitungskontextes nach neuer lexikalischer Einheit (nachsprechen, neue Lexik gebrauchen)
4. Erste einfache Anwendung der neuen lexikalischen Einheit
5. Kontext durch den Lehrer fortgesetzt

Unterrichtlich gesteuerter WS-Erwerb

- Damit Wörter in den Langzeitspeicher übergeht, müssen sie ca. 7 mal verwendet werden (daher die 4 Phasen nach Doyé)

Phasen der Vermittlung nach Doff/Klippel (angelehnt an Doyé)

1. Darbietung / Aufnahme
   - Einführung und Erläuterung der Wörter
2. Übung
   - Lernen des Wortes, wiederholte Übung der Aussprache und Orthographie
   - Gelernte Lexik stabilisieren
3. Integrierung
   - Verankerung des Wortes in Netze
4. Leistungsfeststellung
   - Überprüfung des Gelernten, Rückmeldung

Siebold
Auch genannt: 3-P-Modell
- Present
- Practice
- Produce

Vokabeldarbietung

- Darbietung (Bedeutung, Form)
- Nachsprechen (Chorsprechen)
- Schriftbild
- Lesen
- Üben des Wortes
- Abschreiben

Doff/Klippel (2007, 52)

Darbietung und Semantisierungstechniken	
Elemente der Darbietung	• Aussprache und Schriftbild • Gebrauch
Visuelle Semantisierung	• Gegenstände: Realien, Modelle • Visual aids: Bilder, Fotos, Tabellen, Zeichnungen • Gestik, Mimik, Demonstration einer Handlung
Verbale Semantisierung (einsprachig)	• Beschreibung, Definition, Paraphrase • Beispielsituation/ Verwendung in typischem Kontext • Synonyme, Antonyme, Unter-/Oberbegriffe (flower-tulip), Teil-Ganzes-Beziehung (eye, mouth, face) • Analogiebildung • Gleichung (366 day = a leap year) • Sachfelder, Kollokationen • Wortfamilien, Wortbildung
Verbale Semantisierung (zweisprachig)	• Hinweise auf grafische oder akustische Ähnlichkeiten • Übersetzung

• Welche Semantisierungstechnik wann und für welche Lexik genutzt wird, hängt von verschiedenen Faktoren ab

Inzidenteller WS-Erwerb
Hallte/Königs, 2010

- beiläufiger Wortschatzerwerb

- beim inhaltsorientierten Lesen eines Buches, im Gespräch, beim Hören einer CD, beim Sehen eines Filmes

Lerngesteuerter Wortschatzerwerb
Hallet/Königs, 2010

- „Vokabellernen"

- Zeit im Unterricht oft nicht ausreichend

- Andererseits muss Schüler befähigt werden autonom und selbstgesteuert Wortschatz zu erwerben

- Angebot des Lehrers: Vokabellernstrategien

    - Lernzirkel/Lerngruppe

- Lerntagebuch

- Mnemotechniken

- Verteiltes Lernen (Wort in regelmäßigen Abständen angucken)

- Mnemotechniken: Wortbilder, Merkverse

- Worterschließung

- Vokabelheft/ Vokabelteil im Lehrbuch

- Nachschlagetechniken für Wörterbücher

- Training zur Kompensation von Wortschatzlücken (Synonyme, Paraphrase)

Mnemotechniken

- Kreative Wortbildgestaltung

- Reime

- Sprüche

- False Friends (Awraness raising)

- Skurrile Vorstellungsbilder

  - catching the bus

  - brainwashing

  - can i give you a hand?

  - My half-brother

- Bewegung (head, knee and toes)

- Spiele mit Buchstaben

- Mit Gedächtnisleistung (Koffer packen)

- I spy

- Bild-Wort-Zuorndung

- Flash cards

- Pass the ball

- Memory

- Spiel emit dem Wörterbuch

Kriterien zur Auswahl von Lexik

Doff/Klippel:

- Stellenwert im Text

- Transferwert

- Reichweite

- Schwierigkeit

Dr. Garbe

- Breite der Anwendungsbereiche

- Strukturwert

- Wichtigkeit für die Wortbildung

- Definitionswert

- Erlernbarkeit

- Häufigkeit

Gairns/Redman

- Lehrbuch (Vokabelliste, Texte, Übungen)

Häufigkeit (*frequency*)
- sagt aus, wie häufig ein Wort in Diskursen vorkommt
- je häufiger, desto wahrscheinlicher, dass das Wort nützlich ist
- mehrere veröffentlichte Wortzählungslisten, z.B. *Genrerel Service List of English Words, Cambridge Englisch lexicon* → verfügt über Richtwerte zur Häufigkeit von Wörtern (bezüglich der Frage, was unterrichtet werden soll)

- es ist wichtig, sich nicht bedingungslos an ihnen zu orientieren:

  - ausgewählte Lexik muss relevant sein für die Schüler

  - Wörter mit geringer Häufigkeit können essentiell in einem spezifischen Kontext sein (*adaptor* für Reisen)

  - Andere Wörter scheinen für die Sprachproduktion eher überflüssig zu sein (*sweater-jumper-pullover*)

Kulturelle Faktoren (*cultural factors*)
- Wortzählungslisten basieren auf Interessen der Muttersprachler

- Lernende haben verschiedene Interessen

- versuchen zuerst ihre eigenen Ideen und Erfahrungen in English auszudrücken
- ausgewählte Lexik muss den kulturellen Faktoren der Lernenden entsprechen
- Bsp. „mangos" „cockroaches" sind vermutlich weniger interessant für Skandinavier
-

Sprachbedarf und Level (*need and level*)
- Lexikauswahl muss dem Sprachbedarf entsprechen
- Hohes Niveau der Lexik sollte dem Sprachbedarf nicht überlegen sein → Motivation aufrechterhalten und Sprachbedarf erfüllen
- Unterschiedliche Sprachniveaus
  - schwer für den Lehrer, Wortschatzauswahl den unterschiedlichen Niveaus anzugleichen

Zweckmäßigkeit (*expediency*)
- gewisse Vokabeln notwendig für Unterrichtsgespräche und Klassenraumaktivitäten
- gewisses Fachvokabular (grammatisch, phonologisch etc.)
- Zweckmäßiges Vokabular tritt auf:
  - Verständigung im Klassenraum
  - Anweisungen seitens des Lehrers
  - Fragestellung der SuS
  - Aushandlungen mit Mitschülern in der Gruppenarbeit, oder Rollenspiel etc.
  - Ausdehnung eines Themas, welches nicht sehr wesentlich ist und Schüler doch interessiert (Bsp. Songtexte)
  - Aufschluss von Unklarheiten auf der Lexikebene
  - Vorkommen in Lehrbüchern

Übungsformen

- Lückentext
- Rätsel
- Kettenübung
- Reimübung
- Sammelübung

- Beschreibung

- Zuordnen

- Manipulation von Wörtern

- Wortfeld-Mindmaps

- Kreative Textarbeit

- Kommunikative Übungen

Lernzielkontrollen/Wortschatzprüfungsverfahren

Was soll geprüft werden?

- Wortschatzumfang – Verarbeitungstiefe

- Rezeptiv/aktiver WS

- Im mndl./ schriftl. Diskurs

Wie soll geprüft werden?

- Isoliert oder in integrierten Aufgaben

- Kontextabhängig oder kontextunabhängig

Verfahren (Haß, S. 125)

mündlich

- Definition mündlich vorgeben oder abfragen

- Redewendungen einfordern

- Höflichkeitsformen überprüfen („You want a coke. Say it in a polite way." →"May I have a coke, please?"

- Einen Sachverhalt erklären lassen (What is St. Patrick's day?)

- Wortfelder/ Sammlungen zu einem vorgegebenen Impuls erstellen (z.B. drinks and food)

- Wortverknüpfungen (Lehrer gibt mehrere Wörter vor, Schüler soll diese zu einem Satz verknüpfen)

Schriftlich

- Lückentext

- Definitionen

- Definitionen formulieren lassen